産後リセ[illegible]操で
妊娠前より
きれいにやせる！

あさひ整骨院日本橋浜町院院長
今村匡子

青春出版社

はじめに

こんにちは！「あさひ整骨院」の日本橋浜町院で院長をしている、鍼灸師・柔道整復師の今村匡子です。

整骨院というと、打撲や捻挫、脱臼などのケガをした方や、ひざや腰に痛みを感じている方が行くところというイメージがあると思いますが、当院にいらっしゃるほとんどのお客様が、「産後ケア」を目的とした方々です。おかげで当院は、いつも30代、40代のお母さんと、小さなお子さんの笑顔であふれています。

「産後ケア」は、妊娠・出産の影響で崩れてしまった体形を元に戻すために、私が自分自身の経験をもとに開発をはじめたもので、約3か月で効果が出る内容になっています。実際、9割の方が効果を実感されていて、これまでたくさんのお母さんから「妊娠前の体形に戻った」「妊娠前よりやせた」といった、うれしい声をいただいています。

こうした効果が口コミで広がり、現在、当院は月にのべ約500人、年間のべ約

6000人の方々にご利用いただいています。ありがたい限りなのですが、問題は、スタッフとベッド数の関係で、新規のお客様は月に12人しか受け入れられないことでした。

二児の母でもある私は、産後に太ってしまったお母さんのつらさやストレスが痛いほどわかります。なんとかして来院できないお母さんの産後太り解消のお手伝いができないだろうか――そんな思いから、この本は誕生しました。

本書でご紹介している「産後リセット体操」は、当院で改良を重ねてきた「産後ケア」をベースに組み立てたものです。「肩」と「腰」まわりを重点的に動かすメソッドを基本としつつ、産後太りの4つのパターンごとに、誰でもできるシンプルな動きで構成しています。筋トレやジョギングのように苦しくありませんし、育児で忙しいお母さんでも、1日ほんの数分あればできます。家の中でいつでも簡単にできるので、感染拡大防止のために外出しづらい日常にもぴったりだと思います。

体操の効果が現れはじめると、自然と笑顔が生まれ、子どもへの接し方も、家庭内の空気もどんどん変わっていきます。ぜひ、あなたらしいボディーラインを取り戻して、今まで以上に、素敵な毎日を送ってください。

〈産後リセット体操〉で妊娠前よりきれいにやせる！　・もくじ・

第1章

なぜ産後太りは起きるのか

第2章

なぜ産後リセット体操でやせるのか

第3章 産後リセット体操をすすめる理由

第4章

産後太りには4つのパターンがある

第5章

基本とパターン別の産後リセット体操

第6章 産後リセットを目指すママの習慣

第1章

なぜ産後太りは起きるのか

出産後の目標体重は、妊娠前＋2キロ

妊娠すれば、誰しも体重は増えます。赤ちゃんが約3キロ、胎盤と羊水が約1・5キロ、それに加えて、出産と授乳に備えて血液や水分、脂肪などがからだに蓄えられていくため、出産直前には妊娠前と比べて、10キロ前後増えるといわれています。

出産すると、赤ちゃん、胎盤、羊水のぶんで約4キロほどは確実に減りますが、それを差し引いた約6キロがどうなるのか、まず、これが問題になってきます。

出産後、順調に体重が戻る人の場合、およそ3、4か月の間に自然と体重が4、5キロ落ちて、妊娠前の体重＋2キロ以内に落ち着くことが多いといわれています。

でも実際には、出産から半年ほど経っているのに、妊娠前＋5キロ以上のまま、そこから体重が減っていかないと悩んでいる人は少なくありません。中には、出産後にさらに体重が増えてしまい、妊娠前＋10キロのまま落ちなくなってしまったという人もいます。

妊娠するまではスリムな体形を維持できていた人も例外ではありません。以前は体重が２、３キロ増えても食事制限や運動を行うことで自分らしい体形を維持できていた人でも、産後太りから抜け出せなくなってしまうことがあるのです。

そういう方は、出産後に自らしっかりダイエットや筋トレ、ジョギングなどに励まれるのですが、思うように食事制限は成功せず、動いても体重が落ちていかないため、かなりショックを受けられます。

出産後のママは授乳や子育てのために相当なエネルギーが必要になるので、妊娠前より多少脂肪がついていても健康上は問題ありません。でも、できることなら、出産後も妊娠前と変わらない、自分らしいボディーラインを維持したいと思う女性は、少なくないはずです。

では、妊娠前と比較して、どのくらいの体重を目指せばよいのでしょうか。

私は、〝妊娠前＋２キロ〟を推奨しています。

これなら、授乳や育児に必要なエネルギーをからだに蓄えつつ、見た目にはほぼ以前と変わらない体形を維持できます。決して無理な目標ではないので、３か月かけて、少しずつ体重を落としていきましょう。

産後太りの主な原因は、食事のとりすぎ？

なぜ、私たち女性は、産後に太りやすくなってしまうのでしょうか。

理由はいくつかあるのですが、〝妊娠前より食事の量が増えたから〟と考えている方が多いようです。

確かに、出産と授乳のためには相当なエネルギーが必要ですから、妊娠後期から授乳期間中までは、普通よりハイカロリーの食事が基本になります。一般的な成人女性の1日の食事摂取基準が約2000kcalに対して、プラス400〜500kcalの食事が推奨されています。

出産前後の病院でも、こうしたハイカロリー食が用意されていたはずです。この頃、約8割の人は食欲増進を自覚するといわれていますし、ご飯を特盛にして食べていた人も少なくないでしょう。いわゆる〝産婦盛り〟です。退院後も、少なくとも授乳中はそのままハイカロリー食を続けることが多いため、産後太りに悩むママたちは、

〝やっぱり食べすぎなんじゃないかな〟と、思いがちです。

でも、この考え方は必ずしも正しいとはいえません。

確かに、ご飯をお代わりしたり、おやつをたくさん食べて１日に３０００㎉ぐらい食べていたら太ってしまうのも当然ですが、１日に２４００㎉ほど食べているぶんには、慣れない育児と授乳でかなりエネルギーを消費しているので、簡単には太りません。

食事に関していえば、量そのものより、食生活の乱れのほうが問題です。出産後のママたちは、ゆっくり寝ることも食べることもままならない状態で、お菓子だけで食事を済ませてしまったり、ほとんど食べずに終わってしまう日もあります。食事の量、時間、内容の乱れが、産後太りを促進してしまっている可能性はあるでしょう。

それよりも、皆さんにここでぜひ知っておいていただきたいのは、産後太りには、食事以外にもっと根本的な原因があるということです。

それは、妊娠中に出るホルモン・リラキシンの作用と、妊娠をきっかけに起こるインナーマッスルの衰えです。この２つの仕組みがわかってくると、ダイエットだけでは産後太りを解消できないということが、わかっていただけるはずです。

妊娠中に出るホルモン・リラキシンが骨盤をゆるめる

産後太りの大きなきっかけとなっているのは、リラキシンというホルモンです。これは、生理中に出ることもありますが、主に妊娠中に出るホルモンで、出産後も1か月ほど出ています。

このホルモンの大きな役割は、赤ちゃんがお腹の中に入るスペースを作るために、関節やじん帯をゆるめることです。

妊娠中、リラキシンの影響を大きく受けるのが、骨盤です。骨盤とは、背骨の下に位置する仙骨、さらにその下についている尾骨、そして、仙骨の両側に大きく広がる寛骨《かんこつ》までを含めた、お尻周辺の一群の骨のことです（48ページ参照）。

骨盤はよく蝶に例えられますが、羽の部分にあたる寛骨と、胴の部分にあたる仙骨は、仙腸関節という関節でつながっていて、リラキシンが出るとこの関節がゆるめられ、骨盤が全体的に広がります。

これは妊娠・出産のためには非常に重要な仕組みなのですが、問題は、出産後に広がった骨盤が元に戻らなくなってしまう人がいること。骨盤の関節が本来あるべき位置から、ずれたままになってしまうのです。

しかも、骨盤は全身の骨格の要《かなめ》であるため、そこがずれてしまうと、体中の関節に影響が及び、さまざまな関節が歪みやすくなります。

関節は、ドアの蝶番《ちょうつがい》と一緒です。正しい位置にはまっているからこそ、しっかり動き、本来開くべき位置まで動くものです。蝶番が歪めば動かなくなりますし、動いたとしても非常に硬く、少ししか動かなくなってしまいます。

この状態を、整骨院では、〝関節可動域制限が起きている〟と表現します。

そして、関節可動域制限が起きると、そこにつながっている筋肉はあまり使われなくなり、衰えていきます。筋肉を使わないということは、カロリーを消費しないということなので、基礎代謝が落ち、太りやすいからだになってしまうでしょう。

さらに関節はますます動きが悪くなり、筋肉は衰えていくという、悪循環に陥ってしまうのです。

女性は妊娠を機に、インナーマッスルが衰えやすい

産後太りには、関節の歪みとともに、筋肉の衰えも大きく影響しています。

筋肉には、アウターマッスルとインナーマッスルがあります。どちらの筋肉も大切ですが、産後太りを解消するためには、インナーマッスルに注目することが大切です。

アウターマッスルとインナーマッスルの定義には諸説あるのですが、とりあえず、アウターマッスルは自分で意識して使える表面の筋肉、インナーマッスルは意識して動かせないからだの奥にある筋肉と思ってください。

インナーマッスルは、骨の成長とともに成長し、骨の成長が止まるとインナーマッスルの成長も止まります。以降は、しっかり使えばインナーマッスルは鍛えられ、使わなければ衰えていく運命にあります。

問題は、女性の場合、妊娠出産を機にウエスト周辺のインナーマッスルを極端に使わなくなってしまうこと。特に、ウエストから腰にかけての筋肉である腹横筋《ふくおうきん》と腸腰《ちょうよう》

筋《きん》は、妊娠を機に、放っておくとすっかり衰えてしまうのです。

腹横筋とは、腹筋の中でも一番奥にあるインナーマッスルで、〝天然のガードル〟とも呼ばれています。この筋肉は妊娠によりお腹が大きくなると伸びきってしまい、機能しなくなります。その結果、これまで抑えられていた内臓や脂肪が外側にはみ出して、くびれがなくなってしまうのです。

一方の腸腰筋とは、背骨の腰の部分から太ももの大腿骨《だいたいこつ》につながっている大腰筋と、骨盤の内側から大腿骨につながっている腸骨筋のことを指します（48ページ参照）。上半身と下半身をつないでいる筋肉群であり、太ももの動きや腰の回転の動きなどを担っています。妊婦さんはお腹が大きくなると、腰をひねる回転の動きができなくなり、その上、骨盤が後ろへ倒れることで腸骨筋が伸びっぱなしになるため、腸腰筋が全体的に衰えてしまいます。

スポーツ選手などがケガをして入院した場合、2週間療養するだけで運動パフォーマンスが大きく下がるといわれています。これと比べても、女性は妊娠すると、お腹が大きくなりだしてから5か月という長い期間、腰まわりの筋肉をほとんど動かさなくなります。妊娠により腹横筋と腸腰筋の筋肉が弱るのは、当然の結果なのです。

腹横筋と腸腰筋は、インナーマッスルの中でも、日常動作において非常に大きな役割を果たしている大きな筋肉です。腹横筋と腸腰筋が弱ることで、これらの筋肉が支えていた骨盤まわりの関節の歪みがますます進んでしまい、関節可動域制限も悪化します。そのまま放っておけば、影響は全身の関節や筋肉にも及び、どんどんインナーマッスルを使わないからだになってしまうでしょう。

こうなると、日常動作で使うエネルギーもどんどん減ってしまうため、脂肪を燃焼しにくい、太りやすいからだになってしまいます。

そして、本来使うべきインナーマッスルの代わりに常にアウターマッスルを使うようになるため、筋肉のつき方が本来あるべき形でなくなり、お尻の横や太ももなど、ついてほしくないところに、筋肉がつきやすくなってしまうのです。

第2章

なぜ産後リセット体操でやせるのか

産後リセット体操なら、3か月で妊娠前の体形へ

産後太りリセット体操は、主に肩甲骨と腰まわりの関節を正しい位置に戻し、その周辺のインナーマッスルを働かせることで、シェイプアップを実現するメソッドです。

この体操で、実際に私のクライアントの多くの方が、約1か月で効果を実感し、約3か月で妊娠前の体形にほぼ戻っています。

産後リセット体操は、「産褥期《さんじょくき》」の後の「回復期」に行うのが、もっともおすすめです。ご存じのように、産褥期とは、膨らんでいた子宮が握りこぶし大ぐらいまで収縮する産後6～8週間の時期のことで、回復期とは、ママの体力を回復させる産褥期後の約半年間のことを指しています。

産後太りは、以前から太っている人とは異なり、妊娠・出産の影響により短期間で体形に変化が起きたものです。回復期の女性のからだには、妊娠・出産前のからだに戻そうという力が働いているため、関節が動きやすく、脂肪も落ちやすい状態にあり

ます。そのため体操の効果が出やすく、効率良くやせられるのです。

出産直後は、ホルモンバランスも体力も、まだ安定していないので、産後の肥立ちを考慮して、少なくとも出産1か月後の産婦検診が終わるまでは、安静に過ごしてください。体調が安定して回復期に入ったところで、体操をスタートしましょう。

回復期をすぎると、妊娠・出産で広がった関節やからだに蓄えられた脂肪が定着してしまい、メソッドの効果が出るまで少し時間がかかってしまう可能性があります。それでも気長に続けていれば、少しずつ関節が正しい位置に戻り、ボディーラインも整いはじめるので、ぜひ諦めずにトライしてみてください。

この体操をはじめて3週間もすると、体重が1～2キロ増えることがあります。これは、脂肪よりも重い筋肉が増えた証拠であり、その後体重は少しずつ落ちていくので心配いりません。これが、もっともリバウンドしにくい理想的なやせ方です。

実際には、最初に体重が増えない人のほうが多いようです。この体操は、筋肉を鍛えて太くするというより、使っていなかった筋肉を目覚めさせる体操なので、インナーマッスルを使えるようになってくれれば、いずれ体重は自然と落ちていきます。そのまま体操を継続しましょう。

関節可動域を100パーセントの状態にすれば、勝手にやせていく

産後リセット体操のメカニズムを理解していただく上でポイントとなるキーワードは、「関節可動域」と「インナーマッスル」です。

まず、関節可動域から解説をはじめましょう。

関節は、歪みがなく、本来あるべき正常な位置にあることで、100パーセントの働きをします。これが〝関節可動域が100パーセント〟の状態です。

逆に言えば、関節可動域を確認すれば、その関節が正しい位置にあるかどうかがほぼわかります。実際、整骨院ではクライアントに関節を動かしていただくことで、関節可動域を確認しています。すべての関節は、どんな動きでどれだけの角度を動かせるのか解剖学的に明らかになっているので、その角度と比較することで、クライアントの関節の状態を判断するのです。

関節の状態がわかると、インナーマッスルの状態もわかってきます。なぜなら、関

節を正しい位置に保持しているのは、インナーマッスルだからです。

関節は必ずしも、よく連想されるように丸い凸と凹ではまっているわけではなく、平らな面同士が擦り合うように接している部分もかなりあります。いずれの場合も、関節が正しい位置に保たれているのは、その関節を保持しているインナーマッスルがちゃんと働いている証拠です。関節とインナーマッスルはお互いに影響しあっていて、関節がずれて可動域が落ちる原因はインナーマッスルの衰えであるともいえるし、関節がずれて可動域が落ちるからインナーマッスルが衰えるともいえます。

関節の位置がずれて、関節可動域が落ちてしまう大きな原因が、女性の場合、妊娠・出産です。さらに、足を組むクセや、スマートフォンやパソコンを見ているうつむきがちな体勢など、姿勢の問題によっても、関節の位置はずれていきます。

産後リセット体操は、関節を正しい位置に戻し、その可動域を１００パーセントの状態＝本来あるべき正常の状態に戻していくものです。関節可動域が１００パーセントになれば、そのまわりのインナーマッスルも本来あるべき働きをはじめるので、筋力もつき、エネルギー消費も上がります。その結果、産後太りでついていた余分な脂肪は消費され、体形は自然と元に戻っていくのです。

インナーマッスルとは何か

最近、インナーマッスルという言葉がとても流行っていますが、その定義は意外とあやふやです。よく知られているのが、見た目が赤い筋肉＝赤筋《せききん》をインナーマッスル、白い筋肉＝白筋《はっきん》をアウターマッスルとする定義です。筋肉細胞の中にあるミトコンドリア（酸素を使って糖や脂肪からエネルギーを作り出す小器官）の量で分けるもので、ミトコンドリアが多い筋肉は赤く見えることから、この呼び方があります。

また、赤筋は持久力があり、白筋は瞬発力があるので、筋肉の収縮スピードの違いから、赤筋＝遅筋《ちきん》、白筋＝速筋《そっきん》と呼ぶこともあります。赤筋＝遅筋の代表が、腰の奥深くにある大腰筋、白筋＝速筋の代表が、二の腕を構成している上腕二頭筋です。

あるいは、自分の意思で動かせない不随意筋をインナーマッスル、動かせる随意筋をアウターマッスルと呼ぶこともあります。

こうした定義は、どれが正解でどれが間違いということではないのですが、私が所属する整骨院では、骨に直接接していて、関節保持の役割を担っている筋肉をインナーマッスル、それ以外をアウターマッスルと定義しています。つまりインナーマッスルは、骨格を正しく保つ上で、非常に重要な筋肉ということになります。

問題は、どうやってインナーマッスルを鍛えるか、です。インナーマッスルは、座っているとき、パソコンを打っているとき、ずっと立っているときなど、ひとつの体勢を続けているときに、ほぼ無意識で使っている不随意筋です。そのため、筋トレでアウターマッスルを鍛えるように、意識して動かすことができないのです。

無意識に筋肉を使うのはなかなか難しいため、インナーマッスルはどうしても仕事をサボりがちです。そのため、多くの人が、日頃からインナーマッスルを休ませて、かわりにアウターマッスルに仕事をさせるクセがついてしまっています。からだに大きな負担がかかる妊娠・出産を経験すれば、なおさらです。

産後リセット体操の場合、からだを〝勝手にインナーマッスルを使っている状態〟にすることで、眠っていたインナーマッスルを目覚めさせます。インナーマッスルが動き出せば、それに支えられていた関節も少しずつ正しい位置に戻っていき、結果的に、関節可動域も１００パーセントの状態に戻っていくのです。

特に重要なのは、「肩甲骨」と「腰」まわり

産後リセット体操では、特に「肩甲骨」と「腰」まわりを重点的に動かしています。なぜ「肩甲骨」と「腰」なのか、その理由を少し詳しく見てみましょう。

まず、妊娠・出産の影響で骨盤が開いてしまうと、どうしてもお尻が左右に張り出します。さらに、骨盤に接しているインナーマッスルが正常に働かなくなり、代わりに太ももの外側についているアウターマッスルを使って歩くようになるため、太ももの外側に肉がつき、お尻が大きくなります。

腰まわりのインナーマッスルの中でも重要な働きをしているのが、腰の部分から太ももの大腿骨につながっている大腰筋と、骨盤の内側から大腿骨につながっている腸骨筋です。この2つを合わせて、腸腰筋と呼びます（48ページ参照）。腸腰筋が働いていれば、骨盤が内側に引っ張られ、しっかり締まっているのですが、働かなくなると骨盤は広がり、代謝は落ちて、脂肪が燃焼されにくい体質になってしまいます。

また、妊娠してお腹が大きくなることで伸びきってしまうのが、腹筋の一番奥にある腹横筋です。妊娠すると腹横筋が仕事をしなくなってウエストのくびれがなくなるとともに、背骨の前後の動きが悪くなり、骨盤が倒れたままになりがちです。

こうして骨盤が歪むと、本来であればしっかり立った骨盤の上に、背骨が前後にゆるやかなS字カーブを描いて伸びるのですが、背骨が真っ直ぐになってしまい、そのぶん首が前傾し、顔とお腹が前に突き出した、非常に悪い姿勢になります。いわゆる〝ポッコリお腹〟状態です。背中は猫背になり、その影響で肩甲骨は丸みを帯び、本来あるべき位置から左右にずれていきます。そして、肩甲骨が歪むと、肩甲骨と腕の骨をつないでいる関節にも不具合が出て、腕の動きまで悪くなってしまうのです。

肩甲骨まわりについては、重点的に動かしたい理由がもうひとつあります。

それは、最近注目を集めている「褐色《かっしょく》脂肪細胞」が多くあるからです。褐色脂肪細胞は、お腹などについている白色脂肪細胞と違い、脂肪の燃焼を高める作用を持っているもので、これを刺激するとエネルギーがどんどん消費されることがわかっています。そのため、肩甲骨まわりのインナーマッスルをしっかり動かすことは、産後太りのリセットに大きな効果が期待できるのです。

伸びっぱなし・縮みっぱなしのインナーマッスルを復活させる

整骨院を訪れるママの中には、妊娠前に比べてからだが硬くなってしまったと感じている人は少なくありません。

からだが硬くなったと感じるということは、関節の可動域も落ちています。インナーマッスルをちゃんと使えなくなっている可能性がとても高く、そのままだと、妊娠前のボディーラインにはなかなか戻りません。

関節の可動域が落ちる大きな原因は、そこに接しているインナーマッスルの衰えですが、筋肉が衰えて伸縮性が低下してしまう理由は、大きく分けて、使いっぱなし＝伸びたままか、まったく使わない＝縮んだままの、2通りがあります。

たとえば、姿勢が悪い猫背の人は、背中が丸まって、肩のアウターマッスルが伸びっぱなしになることで、その筋肉の伸縮性が失われます。ひどい場合は、筋線維がところどころちぎれ、それが固まる、また伸びっぱなしでちぎれる、そして固まる……

ということを繰り返しているうちに筋肉が硬結化していきます。その一方で、鎖骨の下、大胸筋《だいきょうきん》の内側にある〝赤筋のかたまり〟ともいわれる小胸筋《しょうきょうきん》というインナーマッスルは、縮んだままでほとんど仕事をしていません。これが、筋肉が縮《ちぢ》こまっている状態です。

筋肉が縮こまってしまうパターンは、〝キング・オブ・インナーマッスル〟ともいえる腸腰筋でもよく起こります。

普段、背骨を正しい位置に立てているのは腸腰筋なので、長い間悪い姿勢のままでいると、腸腰筋が使われないことで背骨が正しく立たなくなり、座ると骨盤は後ろに倒れ、腰が丸まります。立つと骨盤は前に倒れ、お腹が前に突き出ます。これが、腸腰筋が縮こまっている状態です。腰の関節可動域が狭くなってからだの柔軟性が落ち、ウエストのねじりの動作も十分にできなくなってしまいます。

伸びきっていても、縮こまっていても、筋肉が衰えているという意味においては、一緒です。産後リセット体操は、これらのインナーマッスルに働きかけ、しっかり使うクセをつけていくメソッドです。続けていくと、伸びきっていた筋肉も縮んでいた筋肉もやがて伸縮性を取り戻し、本来の仕事をしてくれるようになっていきます。

なぜアウターマッスルよりインナーマッスルを使ったほうがやせるのか

産後リセット体操が、アウターマッスルではなく主にインナーマッスルに働きかけるメソッドになっている理由は、関節との関係だけではありません。

実は、同じ筋肉でもインナーマッスルとアウターマッスルでは質に違いがあり、インナーマッスルを使ったほうが、よりやせやすいのです。

その理由を説明する前に、まず、私たちのからだに蓄えられた糖が、どのように消費されていくのか、簡単にふれておきましょう。

私たちが筋肉を動かして糖を燃焼させるとき、大きな役割を果たしているのがミトコンドリアです。理科や科学で習ったことがあると思いますが、ミトコンドリアはからだのほぼすべての細胞内に存在している小器官です。糖や脂肪を原料に、からだを動かす際のエネルギー原料となるＡＴＰ（アデノシン三リン酸）という物質を合成する役割を果たしていて、〝細胞のエネルギー工場〟と呼ばれています。

健康やダイエットに意識が高い人は、「ＡＴＰサイクル」という言葉を聞いたことがあるかもしれません。これは一般に「クエン酸サイクル」とか「ＴＣＡサイクル」と呼ばれるもので、私たちが体内にとり入れた栄養分を生きるためのエネルギーに作り変える化学的な反応サイクルのことです。

体重を落としていくには、からだにとり入れた糖や脂肪がどんどん消費されたほうがよいわけで、そのためには、ＡＴＰサイクルをしっかり回して、ミトコンドリアにどんどん糖をＡＴＰに変えてもらったほうが好都合です。

このミトコンドリアの量が、アウターマッスルよりもインナーマッスルに多いのです。つまり、筋肉を使う運動とひと口に言っても、アウターマッスルよりインナーマッスルを使う運動のほうが糖が燃焼されやすく、より効率良く体重を落とすことができるわけです。

激しい運動でアウターマッスルを動かすよりも、産後リセット体操でインナーマッスルを動かすほうがラクに着実に体重を落とせるのは、こうしたＡＴＰサイクルの働きも関係しているのです。

前より肩こり・腰こりがひどい人は、インナーマッスルを使えていない可能性がある

整骨院を訪れるママの中には、肩や腰の筋肉があり得ないぐらい硬くなってしまっている人がいます。施術の際さわってみると、本当に石のように硬くなっているのです。

本来筋肉は脂肪と同じぐらいの軟らかさで、プヨプヨしています。力を入れたときだけ、ぐっと硬くなるもので、これがずっと硬いということは、筋肉が緊張した状態が続いているということです。

そういう人は、本来、インナーマッスルを使って保持すべき姿勢を、常にアウターマッスルで保持してしまっています。アウターマッスルの使いっぱなしにより、その部分の筋肉がガチガチになってしまったのです。しかも、そのぶん、インナーマッスルは仕事をしていないので、太りやすい体質にもなっています。

つまり、肩こりや腰こりに悩まされているママは、インナーマッスルが使えていないし、産後太りにもなっている可能性が高いのです。

産後太りもつらいですが、肩こりや腰こりも痛みがありつらいものです。こりが痛む理由は大きく2つあります。

1つは、筋肉がガチガチに固まることで血管が圧迫され、虚血状態になること。血液の流れが悪くなると、酸素や栄養を送る量が減り、老廃物が取り除かれなくなって、筋肉細胞から痛みを誘発する物質が出ることで、痛みを感じます。

もう1つは、筋線維の断裂や挫傷です。そもそも筋肉は伸縮性のある細い繊維の束《たば》でできています。ゴムと一緒で、緊張しっぱなしの状態が続くとやがて伸びなくなり、ふとしたきっかけで繊維がぷちぷちとちぎれてしまうのです。まさにケガと一緒ですから、痛いのも当然です。

虚血にしても挫傷にしても、痛みを発することで、筋肉がSOSを出している状態ですから、放っておいていいはずがありません。湿布薬や痛み止めを使っても、一時的に楽になるだけで、根本的な解決にはならないでしょう。

その点、産後リセット体操で、インナーマッスルを使いながら関節可動域を100パーセントに戻していけば、つらい肩こりや腰こりを改善しながら、産後太りも解消できます。

やせるためには、むくみの解消が重要

産後太りで悩んでいる方には、むくみや冷えに悩んでいる方がかなりいらっしゃいます。

特に、下半身太りになってしまった人は、むくみで足が太く見えることを気にされていることが少なくありません。こういう場合、お話を聞いてみると、「私は冷え性なので……」と、冷えとむくみがごっちゃになってしまっている方が多いようです。

実は、むくみと冷えは原因が違うため、混同すると対処法を誤る可能性があるので、注意が必要です。

冷えは、その部分の毛細血管数が足りないことが主な原因です。

毛細血管は育てるもので、常に増えたり減ったりしています。運動をすることで増え、動かないと減るのです。スポーツ選手がシーズンオフからシーズンオンになると、最初はからだが重く感じたり、思うように動かないと感じるといいますが、それは、運動をしていなかった間に毛細血管が減ってしまったことで起きる現象です。

これと同じことが、妊娠・出産の間でも起こっていて、私たちのからだの中の毛細血管は、妊娠前に比べると減ってしまっていることが多いのです。

産後リセット体操など、適切な運動を続けていれば、毛細血管が増えることで、筋肉に酸素や養分がきちんと供給され、冷えも改善されます。代謝も活発になって、より効率良くやせられるようにもなっていきます。

ただ、美しいボディーラインを目指してやせるという意味においては、むくみを解消することのほうが、より重要です。

足のむくみは、血液の流れが悪くなり、足に水分が十分にいきわたっていないことで起きます。私たちのからだは、水分が不足すると、細胞と細胞の間を満たしている間質液《かんしつえき》に水分をため込もうとする性質を持っています。これがむくみの主な原因です。そのため、むくみの場合は、たとえ毛細血管がたくさんあっても、血の流れが悪くなれば起こり得ます。

下半身の静脈には弁がついていて、血液が重力に逆らって足元から心臓へ向かって一方通行で流れるようになっています。足がむくむということは、この流れが悪くなり血がしっかり心臓に戻っていないことを意味しています。

では、なぜ足の血流が悪くなってしまうのでしょうか。

妊娠中は、お腹が大きくなることで太ものつけ根の血管を圧迫する上に、足をあまり上げられなくなるため、足先だけで地面を蹴って歩くようになりがちです。この、地面を蹴る「底屈《ていくつ》」という仕事をしているのが、後脛骨筋《こうけいこつきん》です（48ページ参照）。後脛骨筋はふくらはぎの奥深くにあるインナーマッスルで、負荷がかかり続けるとやがて硬くなってしまい、そのまわりの動脈・静脈を圧迫してしまうのです。

ですから、足の静脈の流れを良い状態に保つためには、後脛骨筋やヒラメ筋といったふくらはぎのインナーマッスルを常に軟らかい状態にしておくことが大切で、これは、特に下半身太り解消の重要なポイントになります。

産後リセット体操で、後脛骨筋とヒラメ筋を気持ち良く使い、むくみを予防・解消していきましょう。

第3章

産後リセット体操をすすめる理由

産後太りは「遺伝による体質」ではありません

産後太りに悩む方にお話をうかがうと、「きっと遺伝による体質だから、もう元に戻すのは無理じゃないでしょうか」とおっしゃる方がかなりいらっしゃいます。

結論から言うと、決してそんなことはありません。それは、私自身の経験からも強く言えることです。

実は私には双子の姉がいます。姉は私より先に、30歳で出産を経験しました。すると、まもなくして産後太りになり、妊娠前より15キロ近く体重が増えたまま落ちなくなってしまったのです。その頃の姉は「鏡を見るのもつらい」と言って、すっかり元気をなくしていました。実はこれが、それまで整骨院で骨格調整・姿勢矯正のケアを行っていた私が、産後ケアの研究をはじめたきっかけです。

私は姉に以前のように元気を取り戻してほしくて、産後太りの原因を探っていきました。すると、産後太りはただの肥満とメカニズムがまったく異なっていて、関節の歪みが大きく影響していることがわかってきたのです。

私は、自分なりの解消方法を考え、メソッドを姉に試してもらいました。姉は出産7か月後から、開発途中だった産後リセット体操をスタートし、約3か月で妊娠前の体形を取り戻すことができました。本書でご紹介しているメソッドは、このときの内容をベースに、その後、改良を重ねて作り上げてきたものです。

そして、姉の出産から5年後、今度は私が妊娠・出産を経験しました。やはり私も出産後太りかけたのですが、すぐに自分で産後リセット体操をはじめ、3か月で元の体形に戻すことができたのです。このとき私は、これまで組み立ててきた体操のメソッドは間違っていなかったのだと、まさに身をもって確信しました。

それから、第一子出産の1年2か月後に、2人目の子どもを妊娠・出産しましたが、このときは産後リセット体操で、約2か月で体形が戻りました。また、整骨院にいらっしゃるクライアントの皆さんも、多くの方が産後のリセットに成功しています。つまり、産後太りは、本人にはどうすることもできない遺伝的なものではないのです。

皆さんも諦めずに、まずは産後リセット体操をはじめていただきたいと思います。きっと約1か月後には、からだの変化を感じていただけるはずです。

美しいボディーラインのためには、筋トレやジョギングよりリセット体操

産後太りを解消したいと思ったとき、特に気になるのが、ポッコリしてしまったお腹を元に戻せるのか、そして、くびれをどこまで復活させられるか、ということではないでしょうか。女性であれば誰もが気になる点だと思います。

産後太りになってしまった方の中には、ボディーラインを引き締めようと、筋トレをはじめる人がいます。正しく筋トレを行えば、余分な脂肪が落ちていくことは間違いないのですが、産後太りでゆるんでしまったお腹まわりや大きくなってしまったお尻への対策としては、あまり効果が期待できません。

なぜなら、インナーマッスルは筋トレでは鍛えられないからです。

女性のくびれを作っているのは、主に骨盤まわりの関節の位置と、ウエストからお尻にかけての重要なインナーマッスルである腸腰筋と腹横筋です。これらが良い状態になれば、自然と美しい姿勢が保たれ、お腹が引っ込み、くびれが戻ります。

つまり、関節を正しい位置に戻し、インナーマッスルに仕事をさせないことには、産後太りによるお腹やお尻の問題はなかなか解決できないのです。

しかも、アウターマッスルは筋トレで鍛えるとボリュームが増すため、筋肉がついた部分はふくらんでいきます。一方インナーマッスルは、鍛えても密度が増すだけでボリュームは増えません。太くはならないのです。

また、ジョギングなどの有酸素運動も、産後太りのリセットにはあまり向いていません。もちろん、しっかり走れば脂肪を燃焼し、体重を落とす効果はあります。でも、基本的に脂肪が減るだけで、姿勢が良くなるわけでも、お腹がへこむわけでも、くびれが戻るわけでもないのです。

産後リセット体操は、単に体重を落とすのではなく、妊娠前の女性らしい美しいボディーラインを取り戻すことを目的に組み立てたものです。筋トレやジョギングなどの有酸素運動に比べてずっとラクですし、家の中でいつでも簡単にできます。無理な運動で遠回りするのではなく、産後リセット体操でシンプルに関節可動域を広げ、自分らしい体形を取り戻しましょう。

食事制限が産後におすすめできない理由

産後太りに悩む多くのママが、まずやってしまうのが、食事制限です。本当に食べすぎている場合や、妊婦糖尿病にかかってしまった場合は別ですが、産後の無理なダイエットは決しておすすめできません。

まず、授乳の問題です。赤ちゃんは、1回で約200ミリリットルの母乳を1日に4〜5回飲みます。これだけの母乳が体内から出ていくとなると、かなりのカロリーを食事で摂取していないと、とてもからだが持ちません。

実際、授乳中に食事制限をすると、貧血になってしまうことが多いです。空腹感も非常に強くなるので、とてもつらいはずです。

その上、授乳中はがんばって食事制限をしても、なかなか効果が出にくいのです。

お母さんが授乳している間は、母乳産生ホルモンであるオキシトシンが体内に分泌しています。このホルモンが出ている間、からだは授乳に備え、食事でとったエネルギーを普段以上にからだにため込もうとします。母乳のために体内にカロリーを貯金しようとするため、簡単には体重が落ちない状態になっているのです。

それでも人によっては、授乳期間中に食事制限をすることでいったんはやせるかもしれません。しかしその場合、卒乳した途端に爆太りしてしまうといったことがよく起こります。

また、食事制限は精神的にストレスになるので、ママはもちろん、子どものためにもよくありません。自分が食べるのを我慢しているとき、子どもにせっかく作ったご飯をひっくり返されてしまえば、ママはどうしてもイラッとしてしまいます。そのイライラは知らず知らずのうちに子どもに伝わってしまうのです。

とにかく、育児中はストレスがいろいろと襲いかかってくる時期なので、母と子の精神状態を安定させるためにも、せめて食事ぐらいは好きなものを食べてほしいと思います。実は私は、とてもお酒が好きで、毎日のようにおつまみもいろいろ食べています。それでもこのメソッドを自分自身で続けることで、体形を維持できています。むしろ好きなものを食べて上手にストレスを発散したほうが、ボディーラインを保つことにつながるのだと感じています。

位置覚を育てることで、効率アップ

産後リセット体操を続けていると、関節と筋肉が少しずつ良い状態に変化していくわけですが、その効果は実はほかにもあります。

まず、気持ち良く運動を続けていることで、からだと心をリラックスさせられるようになり、自律神経が整っていきます。

そもそも、インナーマッスルはリラックスした状態でないと、うまく動きません。そのためにもガチガチに固まっているアウターマッスルのスイッチを切って、体中の筋肉の力を抜いてふわっとさせることが大切です。

リラックスした状態で体操を続けていくと、アウターマッスル、インナーマッスルの役割分担が自然とできるようになります。インナーマッスルがちゃんと働きはじめ、関節の歪みがとれはじめ、体操の効果もいっそう出やすくなります。

もうひとつ、産後リセット体操で鍛えられるのが、位置覚です。

位置覚とは、視覚に頼らず、自分のからだがどういう状態にあるか察知する能力のことで、関節や骨、筋肉などの末梢《まっしょう》神経が感じ取った信号が脳に送られ、頭で判断しているものです。

ちなみに、私たちの神経は、中枢神経と末梢神経の2種類に分けられます。脳から背骨にかけて走っているのが中枢神経で、そこから先、背骨から外に出ている神経はすべて末梢神経です。末梢神経はからだを動かしてトレーニングを続けていくと、能力を高めることができます。

人間はもともと位置覚がとても弱い動物です。アスリートなどはその力に長《た》けていますが、普通の人は目をつぶって指を開いたとき、どのくらい開いているかさえ、はっきりとはつかめません。そのため自分の骨の位置がずれている、動いていないといったことが、自分自身ではなかなかわからないのです。

産後リセット体操を続けていると、鈍くなっていた末梢神経が鍛えられ、位置覚が育ってきます。するとあるときから「あ、自分は腕がここまでしか開いていないんだな」と、気づくようになります。こうなると、しめたものです。いっそう効果的な動き方が自分でできるようになり、体操の効率はますます上がっていくでしょう。

産後リセット体操で、家庭がぐっとハッピーになる！

私はもともと整骨院・整体院で骨格調整・姿勢矯正を行い、美しい姿勢に見せるお手伝いを主にしていましたが、今、私のところに来られるクライアントの皆さんは、ほぼすべてが産後ケアの方々です。最初は細々とはじめてみたのですが、おかげさまであっという間に口コミで広がり、現在に至ります。

クライアントの約7割の方は、出産を終えた30代の皆さんで、特に多いのが、妊娠前はボディーラインをキープしていたけれど出産後に太ってしまったという方々です。

妊娠前は少し太ってしまってもダイエットや運動で元に戻せたのに、今回は、しばらく食べる量を減らしたり運動したりしてみたのに、思うように体形が戻らなかったと、皆さん、苦しい胸の内を打ち明けてくださいます。それまで自分でコントロールできていたことができなくなる事態に直面し、自分なりに頑張ってきたことが崩れ去ってしまったような、とても悲しい感覚に陥るのだと思います。お気持ちはとてもよくわかります。

子育てはうれしいこと、楽しいこともたくさんありますが、やはり大変なことが多く、体力的にもかなりきついものです。ですから、お母さんの体調と精神状態を良好に保つことは、とても重要だと感じています。

女性である以上、産後太りがリセットされて体形にも自信が持てるようになってくると、おしゃれもしたくなるし、前向きで明るい気持ちになれます。

そしてそれは、お子さんやご家族への対応にも変化をもたらし、結果的に、家庭がぐっとハッピーになってくるのです。

実際、私は、産後リセット体操を続けるうちにきれいになっていったクライアントの皆さんが、どんどん元気になられて、それまで以上に素敵な笑顔になっていくところを何度も見てきました。

もちろん、姉もそうでしたし、何より、自分自身がそうだったと感じています。

産後リセット体操の最終的な目的はそこにあります。ただ妊娠前の体形を取り戻すだけではなく、ひとりでも多くの子育て中のお母さんに、明るく元気になっていただけることを、心から願っています。

本書に出てくる主な骨と筋肉

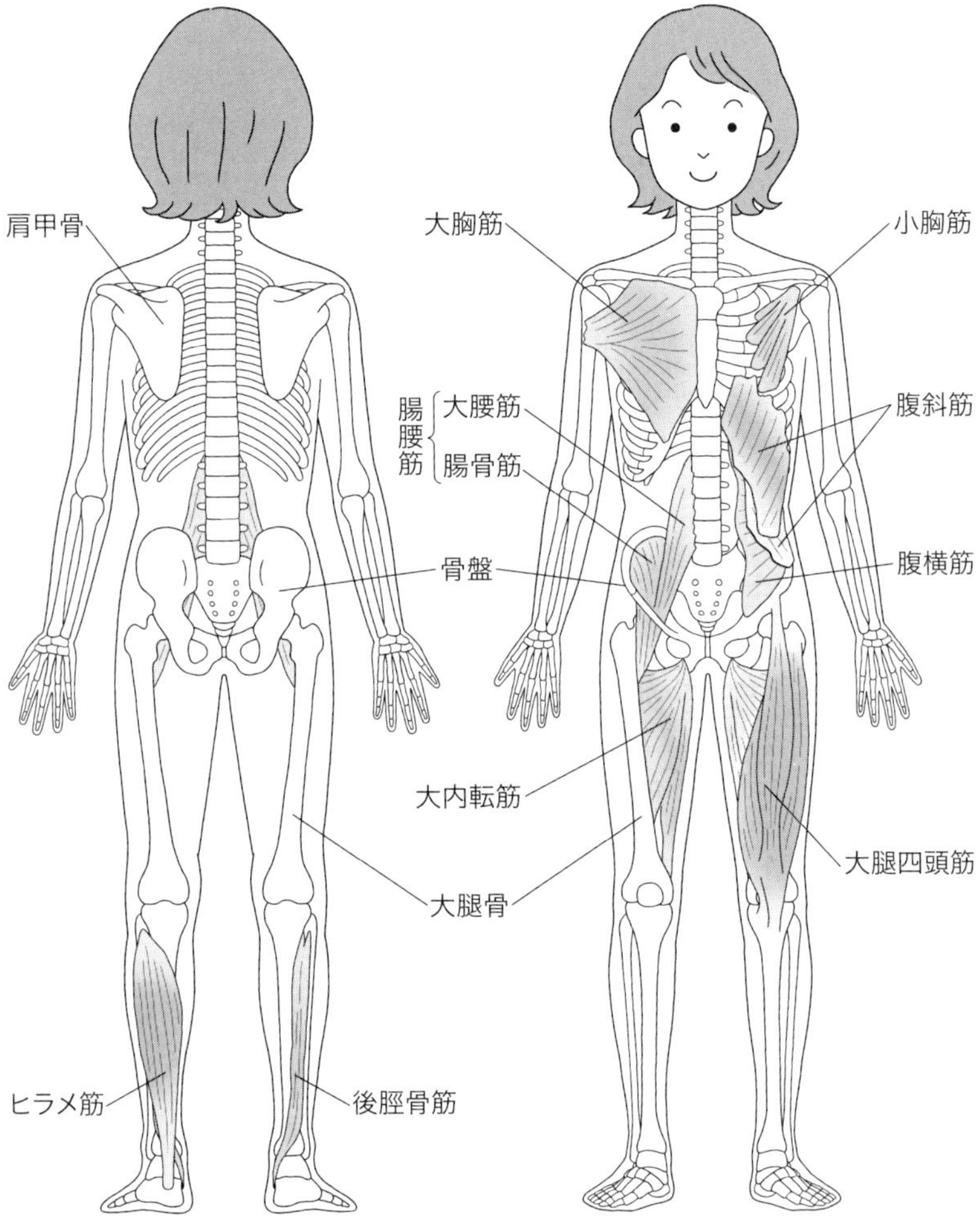

第4章

産後太りには4つのパターンがある

産後太りの4つのパターン

産後リセット体操では、産後太りのパターンを大きく4つに分けています。

パターン❶ お腹太り
パターン❷ お尻太り
パターン❸ 下半身太り
パターン❹ 全身太り

どこが特に太ってしまったかによって、産後太りの主な原因は異なるため、リセット体操のアプローチの仕方も変わってきます。より効率良く体重を落とし、ボディーラインを整えていくために、まずは自分がどのパターンに当てはまるか、55ページにある「産後太りパターン自己診断表」で確認してみてください（パターンは1つとは限らず、2つほど重なっているケースもあります）。

各パターンの主な特徴と産後太り解消のポイントは、次の通りです。

パターン❶

お腹太り⬇なぜかお腹だけがぽっこり…

◎特に気になる部分は…

体重はそれなりに落ちているのに、お腹ぽっこりが戻らず、お腹のまわりだけが太っている。ウエストのねじりの動作の可動域制限が強く現れることが多い。

◎なぜお腹が太るの？

妊娠中にお腹が大きくなったことで、腹横筋や腹斜筋といったウエストまわりのインナーマッスルが伸びきっている。この着物の帯のようにお腹に巻きついている筋肉が、出産後は胴体を支えきれなくなり、肋骨と恥骨が近づくように、猫背になる。腹筋が働かないことで、さらにそのまわりに脂肪がつきやすくなっている。

◎解消のポイントは？

骨盤と背骨を正常な状態に戻して、姿勢を整える。特に、肩甲骨を背骨に近づけ、正しい位置に戻すことが大切。

パターン❷
お尻太り ⬇ 大きいお尻でズボンが履けない！

◎特に気になる部分は…

お尻まわり（骨盤周径）が、妊娠前と比べて5～10センチ大きくなったまま戻らない。お尻が左右に張り出し、太ももも太くなっている。

◎なぜお尻が太るの？

妊娠・出産で開いた骨盤が正常なサイズに戻っておらず、歪みが出ている。歪み方は、両側に開いている人、左右でずれている人、ねじれが生じている人の、3パターンがある。骨盤が歪む理由は、妊娠・出産に限らず、食事の際に左右どちらかだけで噛んでいることや、足や腕をよく組むなど、日常生活で無意識に行っているクセからきていることも多い。

◎解消のポイントは？

骨盤を正常な状態に戻す。

パターン❸ 下半身太り ⬇ タイトスカートが履きづらい！

◎特に気になる部分は…

太ももをはじめ、下半身だけが太い。ふくらはぎから下がむくみやすく、足首がわかりづらい、いわゆる〝ゾウ足〟になっている。

◎なぜ下半身が太るの？

もともと筋肉の使い方が間違っていて、お尻の上部の筋肉である中殿筋《ちゅうでんきん》や、太ももの外側にある外側広筋《がいそくこうきん》・大腿筋膜張筋《だいたいきんまくちょうきん》を使って歩くことで、太ももの横の筋肉が発達してしまったことが主な原因。妊娠を機に、このクセがより顕著になり、下半身のボリュームが増している。

◎解消のポイントは？

腸腰筋と太ももの前側の筋肉を正しく使えるようにして、外側広筋や大腿筋膜張筋を使わないようにしていく。

パターン④ 全身太り ⬇ 出産を機に別人のように太る！

◎特に気になる部分は…

以前に比べ、全身が太りはじめた。体重の増加がなかなか止まらない。

◎なぜ全身が太るの？

妊娠を機にストレスがたまってしまい、自律神経が乱れている。からだから緊張が抜けず、ずっとアウターマッスルを使っている状態で、インナーマッスルがほとんど使えていない。

◎解消のポイントは？

インナーマッスルを気持ち良く動かすことで、アウターマッスルのスイッチを切って、心とからだをリラックスさせる。加えて、エネルギー消費が大きい太ももの大腿四頭筋を積極的に使い、脂肪を効率良く燃焼させる。

産後太りパターン自己診断表

該当する項目がもっとも多いのが、あなたの産後太りパターンです。
2つのパターンが重っている場合もあります。

パターン❶ お腹太り

- デスクワークであった。もしくはデスクワークだ □
- スマートフォンの操作時間が長い □
- 体重は戻ったが体形は戻っていない □
- 昔から猫背（姿勢が悪い）と言われる □
- 上向きで寝ころぶとお腹がへこんで見える □
- 腹筋運動ができない □

パターン❷ お尻太り

- ぎっくり腰の経験が2回以上ある □
- 慢性的に肩こりがある □
- 腰痛持ち □
- 上向きで寝ることができない。もしくは痛い □
- カバンを持つ方向が決まっている □
- スカート、ネックレスが回る □

パターン③ 下半身太り

- 服のサイズに上下で差がある（上が小さく、下が大きい） □
- 運動神経は良いほうだった □
- 足のむくみが出やすい □
- パンプス、ハイヒールで歩行する機会がある □
- 親や身近な親せきに「下半身が大きい」人が多い □
- お酒が好き □

パターン④ 全身太り

- からだが硬いと感じる □
- 妊娠中、安静にしている期間があった □
- 冷えている、冷え性である □
- 睡眠不足である □
- 疲労、ストレスがたまっている □
- からだのあちこちが痛い □

第5章

基本とパターン別の産後リセット体操

まずは基本の体操からはじめて、パターン別の体操へ

肩甲骨と腰まわりの関節・インナーマッスルを正常に戻すことは、妊娠・出産をはじめ、日々の生活の影響で崩れてしまった体形を元に戻すための基本中の基本。産後リセット体操では、この2か所に働きかける2つの動きを〝基本体操〟と位置づけています。どのパターンの方も、まずはこの体操からはじめてください。

基本体操で肩甲骨と腰まわりがゆるんできたら、次にパターン別の体操に移ります。いずれもパターンごとに、シンプルな2～3つの動きで構成しています。体操ごとに動かすところを意識しながらトライしてください。

また、パターン別体操は「STEP1」と「STEP2」に分かれているので、時間がない方や、からだが硬くてなかなか動かない方は、とりあえず基本体操と「STEP1」だけ続けてみましょう。からだが少し変化してきたと感じたら、さらに「STEP2」に進んで、よりしっかりと関節とインナーマッスルに働きかけてください。

肩甲骨の体操

大胸筋を伸ばし、その内側にある小胸筋を動かすことで、肩甲骨の可動域を取り戻します。

1

壁に垂直に立ち、左手のひらからひじまでを壁につけます。このとき、肩とひじが同じ高さになるようにしてください。

2

ゆっくり呼吸をしながら、壁の反対側にからだだけひねります。
大胸筋（48ページ参照）が伸び、左の肩甲骨が背骨に近づくのを感じてください。
この姿勢を1分キープし、右も同様に行います。

腰まわりの体操

ひざを倒してウエストをねじることで、腰の可動域を取り戻します。

❶

足を揃えて仰向けになり、ひざの下にかかとがくる位置まで、ひざを立てます。手は真横に開きます。

❷

両ひざをつけたまま、ひざを左右に倒して、足を床につけます。ひざを倒した反対側の脇腹が、少し伸びることを感じてください。

肩が浮かないように注意して、1分間行います。肩の力をぬいて、ゆっくりとひざを反対側に倒し、同様に1分間行います。

パターン別の産後リセット体操

パターン❹
全身太り
070ページ

パターン❸
下半身太り
068ページ

パターン❷
お尻太り
064ページ

パターン❶
お腹太り
062ページ

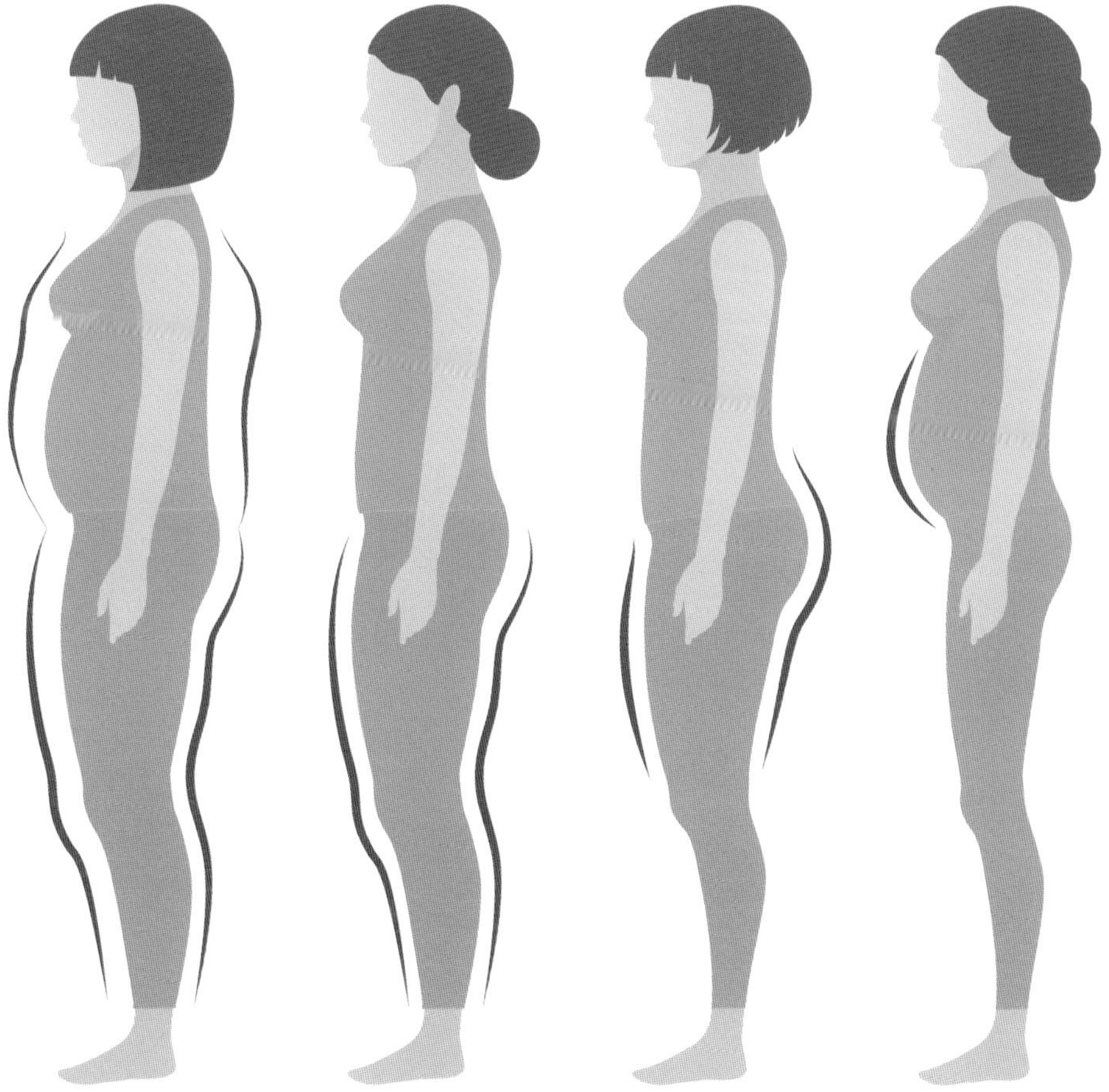

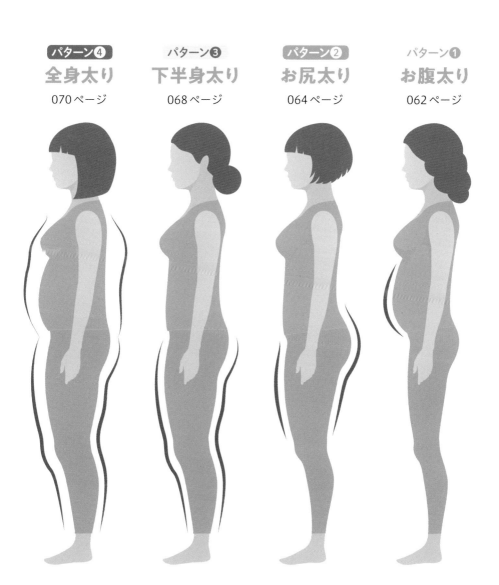

ひじ立て伏せ体操

パターン❶
お腹太り
STEP1

肩甲骨のインナーマッスルを目覚めさせます。

❶ うつ伏せの状態から、前腕とひじ、つま先を床につけ、からだを浮かせます。肩の下にひじがくるように調整してください。
きつい人は、ひざをついた状態でもかまいません。

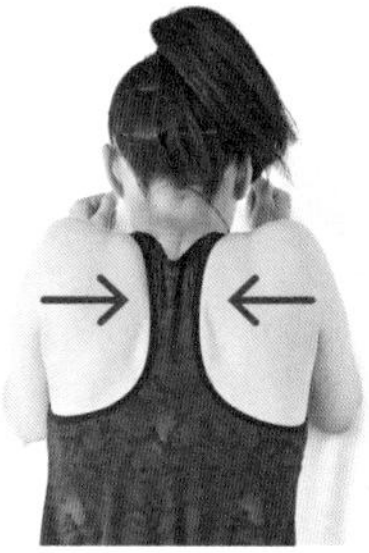

❷ からだをまっすぐ保ったまま、左右の肩甲骨同士を近づけることで、顔を床に近づけるようにからだを下げます。肩甲骨を動かしながらお腹に力が入ることを感じてください。
呼吸をしながら、ゆっくりと1分間繰り返します。

パターン❶
お腹太り
STEP2

胸をねじる体操

肩甲骨を支える胸上部のインナーマッスルを目覚めさせます。

❶
壁に垂直に立ち、ひじが肩より高くなるように、左手のひらからひじまでを壁につけます。

❷
両足を踏ん張り、壁の反対側にからだだけひねります。
このとき、深呼吸して、胸部を膨らますことがポイントです。
腕と胸の間、脇の部分が伸びていることを感じます。
この姿勢を１分キープし、右も同様に行います。

パターン②
お尻太り
STEP1

太ももとひざの裏を伸ばす体操

太もも裏の筋肉を目覚めさせ、股関節が正しく動くからだを目指します。

①
背筋を伸ばし、足を揃えて座ります。足首は直角です。

②
ゆっくりと前屈し、腕を伸ばして足の持ちやすいところをつかみます。

❸
ひざとひじをつけて、前屈を深めていきます。太ももの裏、ひざの裏が伸びていることを感じます。

ゆっくりと呼吸しながら、この姿勢を１分キープします。

❹
足先をつかめるところまできたら、その場でゆっくりと呼吸しながら、この姿勢を１分キープします。

パターン②
お尻太り
STEP1

太ももと足の
つけ根を伸ばす体操

上半身と下半身をつなぐインナーマッスル、腸腰筋を目覚めさせます。

❶
背筋を伸ばしてまっすぐに立ち、左足を大きく前に出してひざを曲げます。
このとき、壁や机などに手をついてもかまいません。

❷
右の太ももを床につけるように、腰を落とします。
からだが左右にゆれないよう、下半身に力が入ることを感じます。
このとき、前かがみにならないよう、上半身はまっすぐに保ちます。
ゆっくりと呼吸しながら、この姿勢を１分キープします。足の前後を入れ替えて、同様に行います。

パターン②
お尻太り
STEP2

内ももを伸ばす体操

股関節の動きに深く関わる、大内転筋を目覚めさせます。

OK

骨盤がまっすぐ立っている。

かかとと、からだの距離を調整しながら、骨盤がまっすぐになるように、腰を伸ばします。

足の裏同士を合わせて座り、ひざを床につけるように、手で押します。
内ももが伸びていることを感じます。
この状態を30秒キープし、5回繰り返します。

NG

腰を反りすぎて、骨盤が前に倒れてしまう。

NG

腰が丸まって、骨盤が後ろに倒れてしまう。

パターン❸
下半身太り
STEP1

V字の体操

腸腰筋と太ももの前側の筋肉を正しく使えるようにします。

床に座って、手は交差させて肩におき、ひざを揃えて両足を上げます。足首は直角です。

ふくらはぎと床が平行になるように保ち、呼吸をしながら１分間キープします。太ももの前に力が入っていることを感じます。これを３回行います。

１分間キープできない人は、まず30秒キープを３回行うことからはじめましょう。

やわらかいところより、硬い床で行うほうが、よりキツイ体操になります。

パターン❸
下半身太り
STEP2

ふくらはぎ伸ばしの体操

ふくらはぎの筋肉を正しく使えるようにします。

❶
背筋を伸ばし、ひざを伸ばして座ります。つま先は天井に向けます。右ひざを曲げて、左太ももの上におき、両手で左足をつかみます。

❷
足の裏を外に向けます。ふくらはぎのやや外側が伸びていることを感じます。1分間キープし、右足も同様に行います。

パターン④
全身太り
STEP1

お尻上げ体操

からだの緊張をほぐし、インナーマッスルを使えるからだにします。

❶
仰向けになり、両手は真横に広げ、かかとの上にひざがくるようにひざを曲げます。

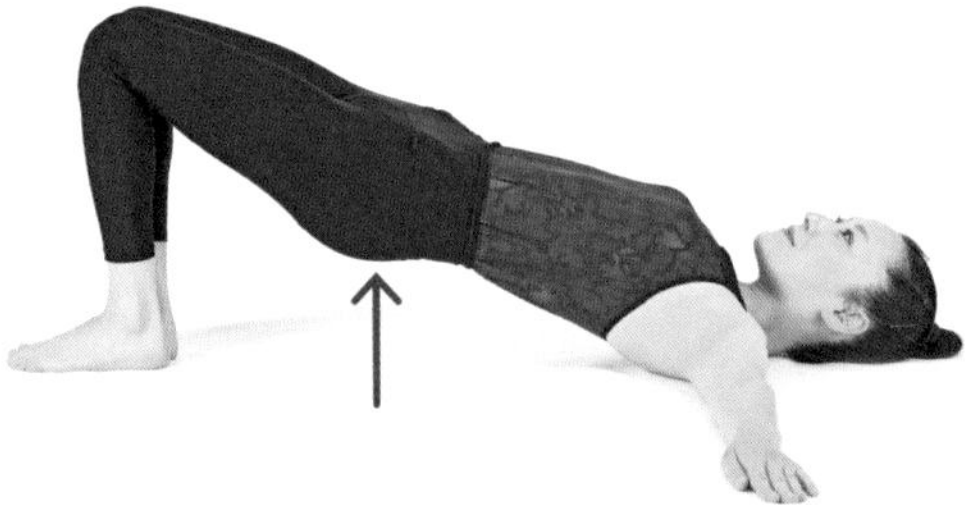

❷ お腹に力を入れ、お尻の穴をしめながら、お尻を床から持ち上げます。
お腹をへこますような力が入ることを感じます。

深い呼吸を繰り返しながら、この姿勢を１分間キープし、お尻を床におろします。これを３回行います。

この体操は呼吸が大切。大きく吸って、全部吐きますが、吸うことより吐くことを意識してください。


１分間キープできない人、腰に違和感を感じる人は、まず30秒キープを３回行うことからはじめましょう。

パターン④
全身太り
STEP2

立ち座りの体操

エネルギー消費が大きい太ももの前側の筋肉を積極的に使います。

立つ

1 背筋を伸ばし、イスに浅く座ります。

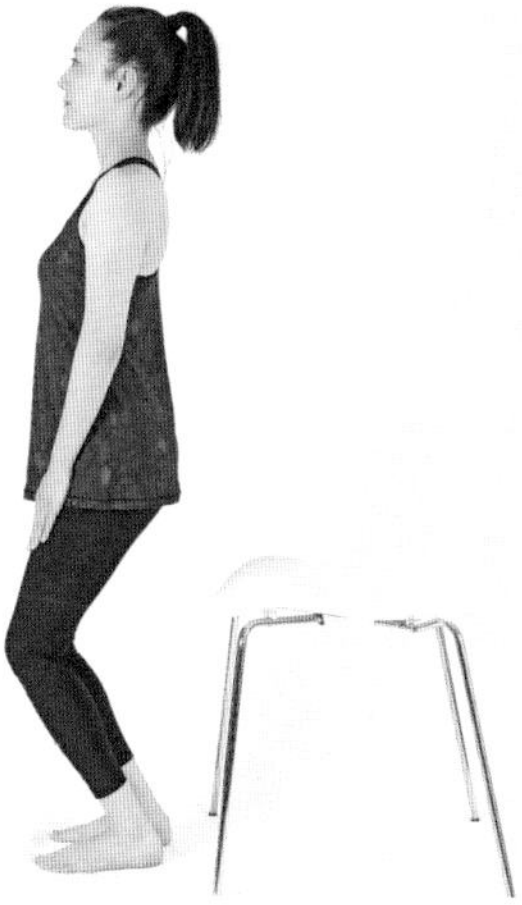

2 上半身は倒さず、太ももの前側の筋肉を使って、３秒かけてゆっくり立ち上がります。

NG

立つときに前かがみになると、太ももではなく、腰の力を使って立ってしまいます。

座る

背筋を伸ばしたまま、太ももの前側の筋肉を使って、３秒かけてゆっくり座ります。

NG

座るときに前かがみになると、やはり太ももの筋肉は使えません。

立ち座りの動作を１分間繰り返します。
太ももの前に力が入ることを感じながら行いましょう。

第6章

産後リセットを目指すママの習慣

《産後リセットを目指すママの習慣》

からだのサイズを測って記録する

3か月で妊娠前の体形に戻すためには、からだのサイズを定期的に測って記録し、ゴールに向けて、効果を客観的に確認していくことが大切です。そのとき指標となるのが、下腹部の周径です。下腹部の左右両サイド、骨盤が前に飛び出した部分である上前腸骨棘《じょうぜんちょうこつきょく》を起点に測りましょう。この部分は、お腹の脂肪のつき具合と骨盤の開き具合の両方が確認できる、〝体形のバロメーター〟ともいえる場所なのです。

上前腸骨棘のほかにも、特に気になるところの数値を計測してみてください。

（上前腸骨棘の周径を計る）

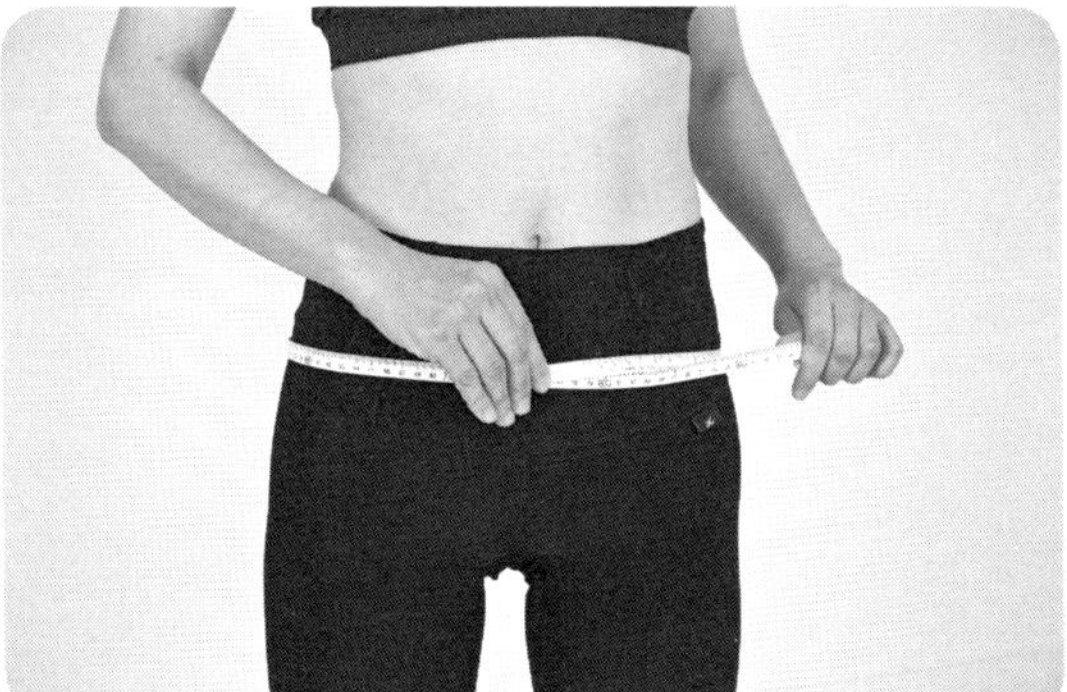

（からだのサイズを記録しましょう！）

	開始日 （　月　日）	１か月後 （　月　日）	２か月後 （　月　日）	３か月後 （　月　日）
体重	kg	kg	kg	kg
下腹部	cm	cm	cm	cm
お腹	cm	cm	cm	cm
太もも	右　cm 左　cm	右　cm 左　cm	右　cm 左　cm	右　cm 左　cm
気になる箇所				

《産後リセットを目指すママの習慣》

抱っこひも

子どもの首が安定してくると、腰ベルトがあるタイプの抱っこひもを使うことが多くなります。このベルトを、お尻の位置に巻いている人がとても多いのですが、お尻に巻くと骨盤が倒れ、妊娠中と同じような、お腹を前に突き出した姿勢になってしまいます。

ベルトは、ウエストの一番細い部分に巻きましょう。これだけで腹圧が高まり、腹横筋を使うようになるので、くびれの復活に役立ちます。また、この位置に巻くと、子どもの足が自然なM字開脚になるので、股関節の正常な成長を促します。

《産後リセットを目指すママの習慣》
ベビーカー

お出かけのときに欠かせないベビーカーは、実は使い方次第でママのからだに大きな影響を与えます。前かがみになって寄りかかるように押しがちですが、この体勢を続けていると腸腰筋が機能しなくなってしまいます。

しっかり自分に引き寄せて押してください。上半身を起こすことで腸腰筋が伸びます。その上で、本来自分がつきたい場所より半歩大きく足を出して、少し大股で歩きましょう。これだけで、ベビーカーでお出かけという日常動作が、産後太り解消のやせ動作につながります！

《産後リセットを目指すママの習慣》

骨盤ベルト

骨盤の歪みを矯正する、骨盤ベルト。産後に使用するときは、巻く位置に注意が必要です。

産後1か月以内は、まず、恥骨の形を元に戻す必要があるので、太ももの一番出っ張っている部分を覆うように巻きます。

それ以降、骨盤周径のサイズダウンを目的に巻くときは、骨盤の上前腸骨棘（74ページ参照）の出っ張りを覆うように巻きます。つまり、産後1か月以降のほうが、位置は少し高くなります。

帝王切開で出産の場合は、お腹のキズが癒えるまで、骨盤ベルトの使用は控えましょう。

（産後1か月以内）

（産後1か月以降）

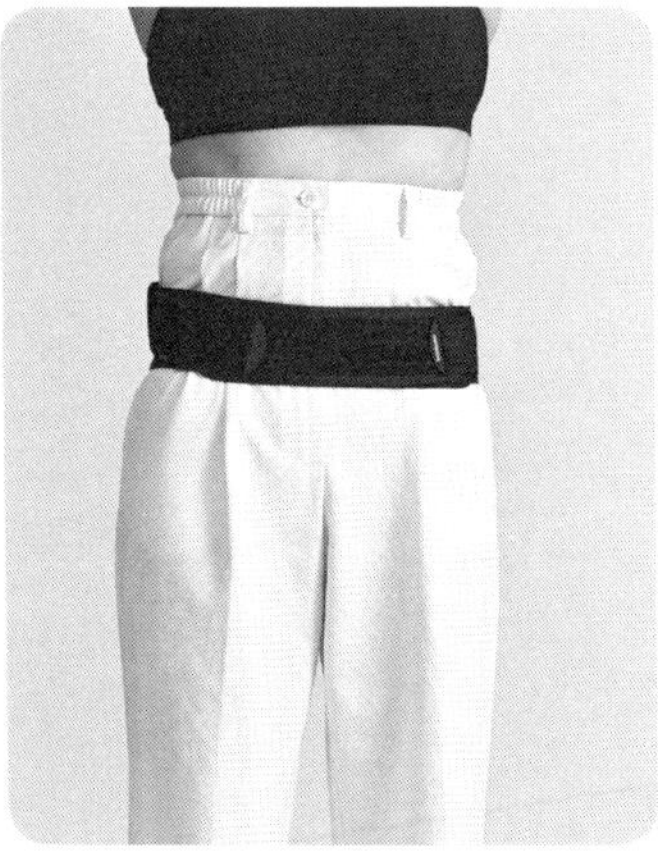

著者紹介
今村匡子（いまむら きょうこ）

あさひ整骨院日本橋浜町院院長。柔道整復師。鍼灸師。

2003年よりボディーケアのキャリアをスタートさせる。整体、筋肉調整を研究し続けるなか、独自の関節可動域メソッドにいきつく。これまで、のべ5万人の姿勢改善指導をしてきた。

2015年、あさひ整骨院日本橋浜町院を開院。年間の産後ケア総来院数はのべ6000人を超え、予約がすぐに埋まってしまうほど大人気に。企業からのオファーを受けて産後ケア用品の監修や、女性セラピストの育成も手がけている。2児の母でもある。

（本文デザイン）青木佐和子　（撮影）小野岳也　（本文イラスト）瀬川尚志　（編集協力）上原章江
（衣装協力）株式会社ワコール

産後《さんご》リセット体操《たいそう》で
妊娠前《にんしんまえ》よりきれいにやせる！

2020年 8月1日　第1刷

著　者　今《いま》村《むら》匡《きょう》子《こ》

発行者　小澤源太郎

責任編集　株式会社 プライム涌光
電話　編集部　03(3203)2850

発行所　株式会社 青春出版社
東京都新宿区若松町12番1号〒162-0056
振替番号　00190-7-98602
電話　営業部　03(3207)1916

印刷　大日本印刷　　製本　フォーネット社

万一、落丁、乱丁がありました節は、お取りかえします。

ISBN978-4-413-11331-1　C0077